통합 구성도

이 책은 '세계의 강'을 중심으로 세계사, 사회, 문화, 과학 등을 연계하여 창의적 융합 사고가 가능하도록 구성하였습니다.

세계의 강

지리
인류의 문명을 탄생시키고 사람들의 생활에 큰 영향을 미치는 강에 얽힌 재미있는 이야기를 알아보아요.

문화
인도인의 삶의 터전이자 힌두교도들이 신성하게 여기는 갠지스 강은 어떤 강인지 살펴보아요.

과학
기름진 땅을 이루는 삼각주는 어떻게 만들어지는지 살펴보아요.

세계사
강가에서 인류의 문명이 탄생할 수 있었던 까닭은 무엇인지 살펴보아요.

사회
지구의 허파라 불리는 아마존 강 유역의 숲이 사라지는 까닭은 무엇인지 알아보아요.

추천 감수_ 남영우
서울대학교 사범대학 지리교육과를 졸업하고 동 대학원에서 석사 학위를 받았으며, 일본 쓰쿠바 대학 지구과학연구과 박사 학위를 받았습니다. 일본 쓰쿠바 대학 초빙 교수, 미국 미네소타대학 교환 교수, 한국도시지리학회 회장을 역임하였습니다. 현재 **고려대학교 지리과 명예 교수**로 재직 중입니다. 주요 저서로는 〈세계화 시대의 도시와 국토〉(공저), 〈한국지도학발달사〉(공저), 〈서울의 도시구조 변화〉 등이 있습니다.

추천 감수_ 이영민
서울대학교 사범대학 지리교육과를 졸업하고 동 대학원에서 석사 학위를 받았으며, 미국 루이지애나주립대학교에서 지리인류학 박사 학위를 받았습니다. 현재 한국도시지리학회 회장이며, **이화여자대학교 사회과교육과 교수**로 재직 중입니다. 주요 저서로는 〈세계의 도시와 건축〉, 역서로 〈포스트식민주의의 지리〉, 〈현대 문화지리학: 주요개념의 비판적 이해〉, 〈문화 · 장소 · 흔적: 문화지리로 세상 읽기〉 등이 있습니다.

추천 감수_ 민용태
한국외국어대 서반아어과를 졸업하고, 마드리드 대, 서반아 국가 서문학 박사입니다. 저서로는 〈민용태 시선집〉, 〈세계의 명작을 찾아서〉, 〈서양 문학 속의 동양을 찾아서〉, 〈성의 문화사〉, 〈스페인 문학 탐색〉, 〈라틴 아메리카 문학 탐색〉 등이 있습니다.

글_ 김경란
서울예술대학 문예창작과를 졸업했습니다. 한국아동문학 신인상, 한국일보 신춘문예, 계몽아동문학상 등에서 상을 받았습니다. 쓴 책으로 〈별 뜨는 동네〉, 〈해법 논술〉, 〈백남준〉, 〈원숭이 수지〉 등이 있습니다.

- 유니세프한국위원회, 이미지클릭/Corbis, 연합포토, MBC 문화방송 타임 스페이스, 이미지 CD, 일러스트 탱크, Image Farm, Image PRO, World Innocence, Comstock, ImageDJ Corporation, digitalvision, Mixa, IMAGEGAP, iclickart, DJA digital images, Photo Box

통합교과 세계지리 탐구

14 세계의 자연환경 _ 세계의 강

유화 아가씨의 세계 강 탐험

총기획 및 발행인 박연환 | **발행처** 한국헤르만헤세지점 한국셰익스피어
출판등록 제324-2010-000011호
본사 경기도 성남시 분당구 대왕판교로 34번길 23 한국헤르만헤세 빌딩
대표전화 (031)715-8228 | **팩스** (031)786-1001 | **고객문의** 080-470-7722
편집 백영민, 박형희, 송정호 | **디자인** 이성숙, 김란희, 이혜영

ⓒ 한국셰익스피어

이 책의 저작권은 **한국셰익스피어**에 있습니다. 본사의 동의나 허락 없이는 어떠한 방법으로도 내용이나 그림을 사용할 수 없습니다.

⚠ 주의 : 본 교재를 던지거나 떨어뜨리면 다칠 우려가 있으니 주의하십시오.
고온 다습한 장소나 직사광선이 닿는 장소에는 보관을 피해 주십시오.

99.9% 항균 한국셰익스피어는 아이들의 안전을 위하여 도서 표지를 99.9% 항균 처리하였습니다.

14
세계의 강

유화 아가씨의
세계 강 탐험

추천 감수 **남영우, 이영민, 민용태** | 글 **김경란**

한국셰익스피어

생명의 젖줄, 강

"유화야! 유화, 어디 있느냐?"
"왜 그러세요, 아버지?"
유화 아가씨가 한달음에 달려와 대답했어요.
얼마나 신나게 놀다 왔는지 땀에 흠뻑 젖어 있었어요.
"허허, 저렇게 말괄량이여서야 어디……."
강의 신 하백은 몹시 걱정이 되었어요.
"아무래도 안 되겠다. 이제부터 온 세계의 강을
돌아다니며 공부를 하도록 해라.
그리고 네가 어떤 일을 해야 할지 알아 오너라!"

▲우리나라의 주요 강 *사회 6학년 1학기 26쪽

▼세계의 주요 강 *초등학교 사회과 부도 73쪽

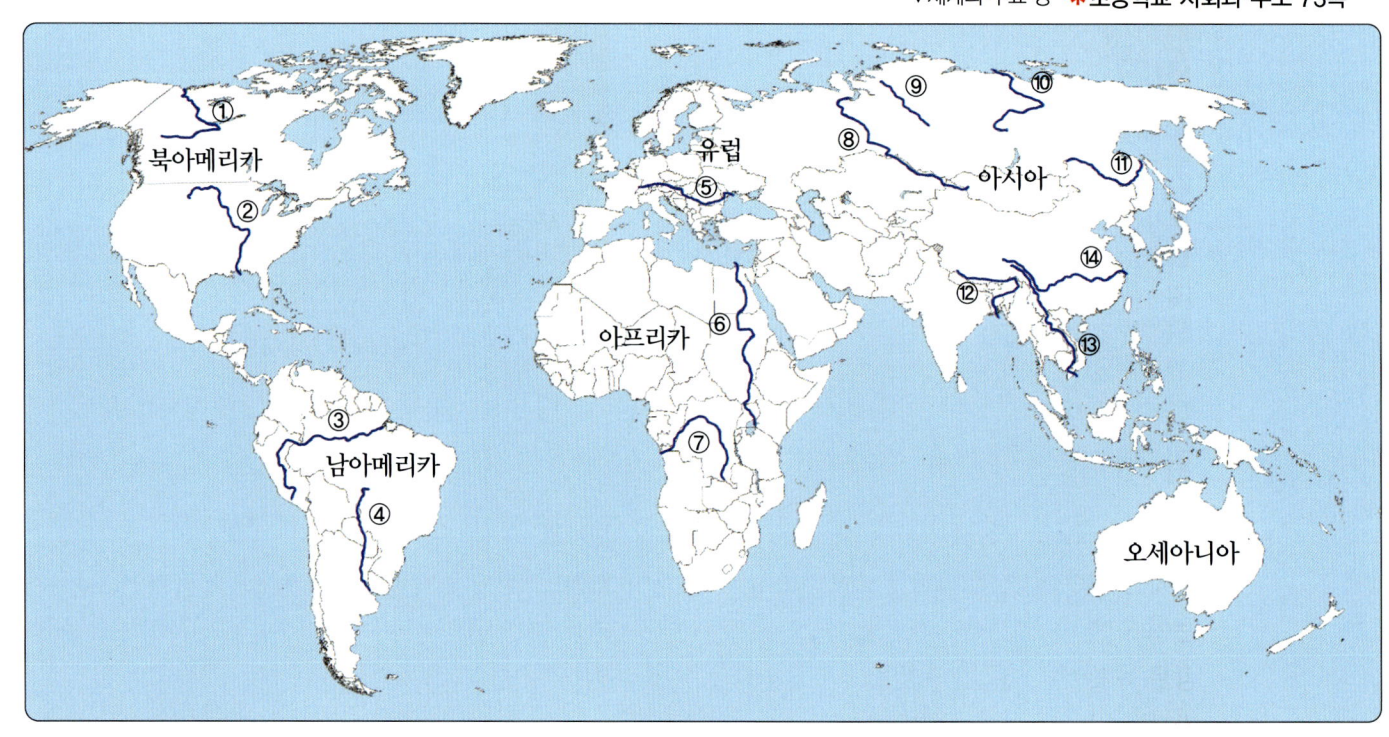

① 매켄지 강 ④ 파라나 강 ⑦ 콩고 강 ⑩ 레나 강 ⑬ 메콩 강
② 미시시피 강 ⑤ 도나우 강 ⑧ 오비-이르티시 강 ⑪ 아무르 강 ⑭ 양쯔 강
③ 아마존 강 ⑥ 나일 강 ⑨ 예니세이 강 ⑫ 갠지스 강

강은 어디에서 시작할까요?

보통의 강들은 대부분 크고 깊은 산에서부터 시작된답니다. 산꼭대기에서부터 흘러내리는 강의 상류는 물의 흐름이 아주 빨라요. 물의 온도도 중류나 하류보다 낮아서 보통 5~10도 정도이지요. 강바닥은 자갈과 모래로 되어 있고, 물속에 사는 식물들은 거의 없어요. 낮은 온도와 빠르게 흐르는 물에서 살기가 어려운 거예요. 우리나라의 상류에 사는 물고기로는 열목어, 산천어, 쉬리, 어름치, 빙어 등의 냉수성 어류들이 있어요.

중류에 오면 상류보다 물의 흐름이 조금 느려져요. 물의 온도도 10~15도 정도에서 높게는 20도까지 올라가지요. 바닥에는 조약돌과 자갈들이 있고, 이끼도 있어요. 가물치, 피라미, 쏘가리 등의 물고기가 살아요.

하류는 물의 흐름이 매우 느려요. 물의 온도는 20도 이상이며 강바닥은 굵은 모래나 진흙으로 되어 있어요. 물에 떠다니는 부유물들도 많지요. 가시고기, 붕어, 미꾸라지 들이 살고 있어요.

▲**금강 상류** 강의 상류는 경사가 급해서 물의 흐름이 빠르기 때문에 폭포가 형성된다. *사회 6학년 1학기 25쪽

▲상류에 사는 물고기인 산천어, 빙어

강과 바다는 무엇이 다를까요?

1. 바다에는 조석 간만의 차가 있어요. 하지만 강에는 없어요.
2. 강에는 유수 작용이 있지만 바다에는 유수 작용이 없어요. 유수 작용이란 물의 양과 흘러가는 속도에 따라 강바닥이나 강기슭의 모양을 변화시키는 걸 말해요.
3. 강은 육지에서 지형을 만들고, 바다는 육지 맨 끝부분의 지형을 만들어요.
4. 바다는 염도가 높지만 강은 염도가 높지 않아요.
5. 강바닥에는 자갈이나 흙이 있고, 바다 밑에는 가늘고 고운 모래가 많아요.

문명을 일구어 낸 위대한 강

"청청아, 강에 대해 알려면 어디부터 가야 하니?"

유화 아가씨는 투덜대며 하늘을 나는 거북이 청청을 불렀어요.

청청은 하백의 심부름꾼이자 유화 아가씨의 친구예요.

"문명이 시작된 강부터 가 볼까?"

청청은 냉큼 유화 아가씨를 등에 태웠어요.

"중국의 황허 강은 중국 문명을 일으키게 한 위대한 강이야."

황토색 황허 강은 마치 커다랗고 누런 구렁이 같았어요.

"그런데 문명이 뭐야?"

"사람들이 원시 생활에서 벗어나 발전하기 시작한 걸 말해."

청청은 다시 유화 아가씨를 태우고 날기 시작했어요.

황허 강은 칭하이 성에서 발원하여 황해에 이르는 강이야.

▲**황허 강의 모습** 중국 북부를 서에서 동으로 흐른다.

▲란저우 황허 강의 제일교

▲ 나일 강의 유역 면적은 아프리카 대륙의 약 1/10을 차지한다.

▲지중해로 흘러드는 나일 강
*사회 6학년 2학기 128쪽

둘은 아프리카에서 가장 긴 강인 나일 강에 이르렀어요.
이집트의 나일 강가에는 온갖 곡식과 열매들이 탐스러웠지요.
유화 아가씨가 주위를 둘러보다 고개를 갸우뚱했어요.
"사막에 있는 강인데 농사가 잘되는 게 신기해."
"나일 강이 범람해서 땅을 기름지게 하기 때문이야."
"강물이 넘쳐서 좋은 점도 있구나."

▲나일 강의 삼각주 모습

교과서 속 세계지리 플러스

강을 따라 탄생한 문명

사람들이 농사를 짓기 위해서는 물이 꼭 있어야 했어요. 그러니 물이 많은 강가에 모여 사는 게 당연한 일이었지요. 강가는 산처럼 땅이 울퉁불퉁하지 않고 평평해서 농사를 짓는 데 훨씬 좋은 환경을 갖고 있었어요. 그 덕분에 사람들은 문명을 일으킬 수 있었어요. 대표적인 고대 문명으로는 나일 강 유역의 이집트 문명, 황허 강 유역의 중국 문명, 티그리스 강과 유프라테스 강 유역의 메소포타미아 문명, 인더스 강 유역의 인더스 문명이 있어요.

사람들의 죄를 씻어 주는 갠지스 강

"이번에는 아주 신성한 강으로 가 보자."
청청이 간 곳은 사람들이 아주 많은 인도의 강이었어요.
남자, 여자, 아이 할 것 없이 강물에 몸을 담그며 기도를 하고 있었지요.
"어머, 이렇게 지저분한 강물에 들어가다니!"
"저런! 갠지스 강은 신의 축복을 받은 강이야."
청청이 펄쩍 뛰는 바람에 유화 아가씨가 그만 강에 풍덩, 빠졌어요.

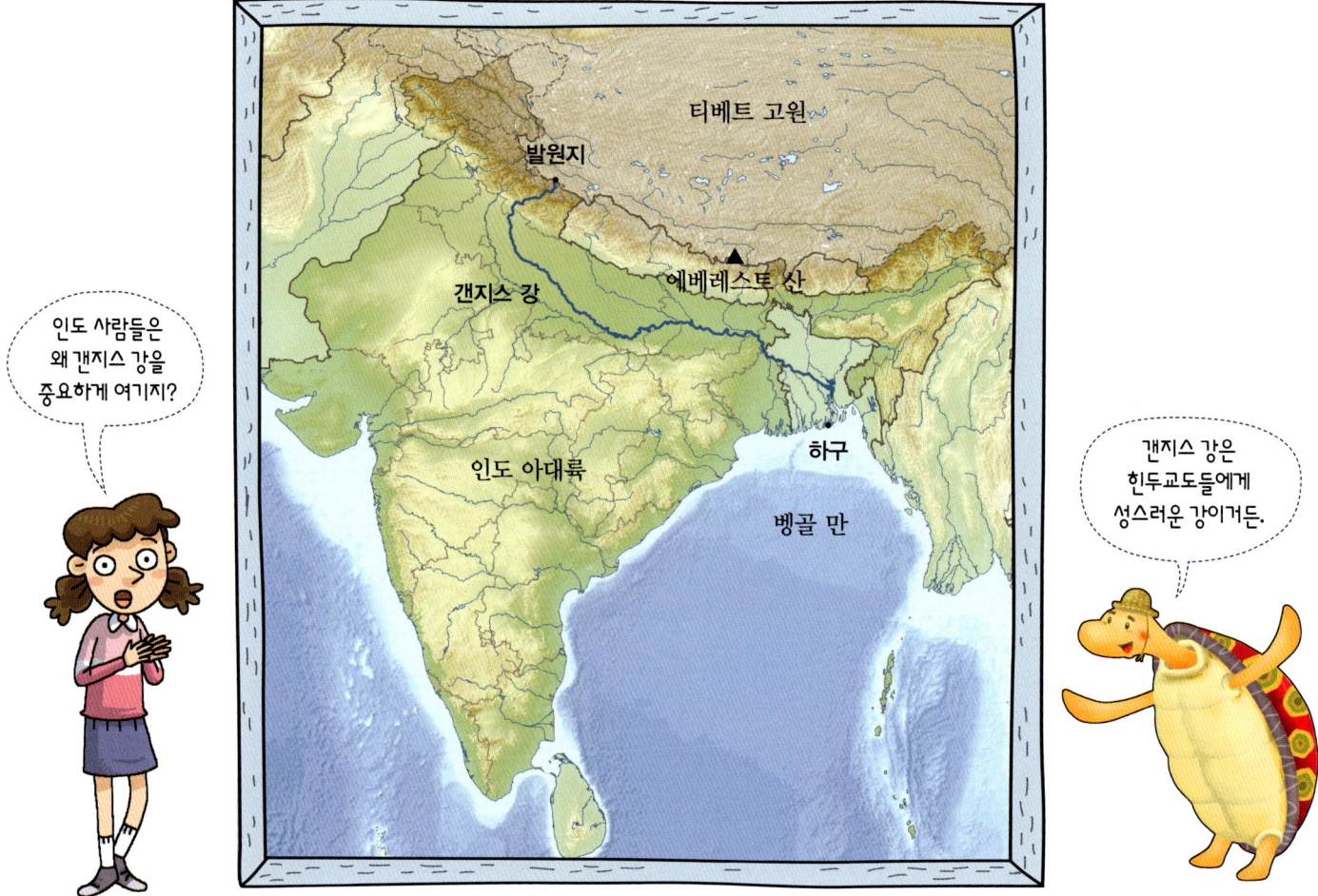

▲갠지스 강 인도 아대륙에서의 갠지스 강 발원지와 하구 모습이다.

"어푸, 어푸! 살려 줘……."
청청은 허둥지둥 유화 아가씨의 손을 붙잡았어요.
"괜찮아?"
"콜록콜록, 왜 다들 강물 속에 들어가는 거야?"
"갠지스 강물이 영혼을 깨끗하게 한다고 믿거든. 그들은 죽을 때도 갠지스 강가에서 죽기를 원해."
"그럼 강물에 빠진 내 영혼도 깨끗해진 거네?"
멀리서 죽은 사람을 화장하는 연기가 피어올랐어요.

갠지스 강은 비가 많이 오니?

6월에서 9월까지의 우기를 빼고 비는 거의 안 온대.

▲ 갠지스 강에서 목욕을 하는 사람들

가난하지만 위대한 메콩 강

유화 아가씨의 배에서 꼬르륵 소리가 들렸어요.
"하하, 우리 맛있는 물고기가 가득한 메콩 강으로 가 볼까?"
청청과 유화 아가씨는 인도차이나를 세로로 흐르는
동남아시아 최대의 강인 메콩 강을 향했어요.
돌로 만든 궁전 앙코르 와트가 나타났어요.
궁전을 지키는 뱀신도 보였어요.
"앙코르 와트는 세계에서 가장 아름다운 유적지야.
맛있는 음식을 사서 앙코르 와트를 보며 먹자."

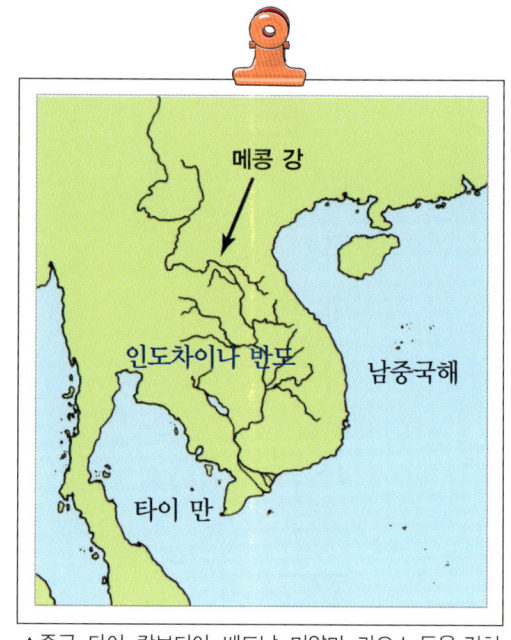

▲중국, 타이, 캄보디아, 베트남, 미얀마, 라오스 등을 걸쳐 흐르는 메콩 강 지도

▲**캄보디아 앙코르 와트** 12세기 초에 돌로 만든 왕실 사원으로 신에게 제사를 지내던 곳이다.   *사회 6학년 2학기 146쪽

"메콩 강은 가난한 사람들의 보물 창고야.

식량도 주고 농사지을 물도 주거든."

"배를 타고 다니며 장사도 하네?"

유화 아가씨가 수상 시장을 가리켰어요.

바쁜 엄마, 아빠 곁에서 돕는 아이들도 보였지요.

"저 아이들은 가난해서 학교에 못 가기도 해."

청청의 말에 유화 아가씨는 마음이 아팠어요.

메콩 강 주변 나라들이 가난한 까닭은 오랫동안 인도, 중국 같은 나라들에게 침략을 당했기 때문이야.

▲메콩 강 수상 시장의 모습

▲쌀농사가 발달한 메콩 강 삼각주

교과서 속 세계지리 플러스

사람들의 곡식창고 삼각주

강이 바다로 들어가는 어귀에 강물이 운반하여 온 모래나 흙이 쌓여 이루어진 편평한 지형을 삼각주라고 불러요. 비슷한 말로는 델타, 델타 지대, 삼각지대 등이 있지요. 가장 유명한 삼각주로는 나일 강의 삼각주가 있어요. 메콩 강에도 이런 삼각주가 발달되어 기름진 삼각주를 중심으로 쌀농사가 발달했어요. 그 덕분에 베트남은 세계 3대 쌀 수출국 중 하나가 되었어요.

▲세계 최대 야생 자연인 아마존 정글

말풍선: 아마존처럼 비가 많이 오는 강에는 어떤 강들이 있을까?
말풍선: 갠지스 강, 메콩 강, 아프리카의 콩고 강 등이 있어.

지구의 허파, 아마존 강

"힘들게 사는 사람들을 보니 마음이 아파."
"사람들만 힘들게 사는 건 아니야."
청청은 아마존 강으로 유화 아가씨를 이끌었어요.
"봐. 안데스 산맥에서 시작된 세계 최고의 강이야. 길이가 6,992 ㎞, 유역 면적이 705만 ㎢로 세계에서 가장 큰 강이지. 그런데 사람들이 무분별하게 개발하는 통에 망가지고 있어."
청청은 길게 한숨을 쉬었어요.

▲아마존 지도   *사회 6학년 2학기 129쪽

"아마존은 지구의 허파라고 들었어.
나무가 줄어든다면 큰일이잖아?"
유화 아가씨의 말에는 걱정이 잔뜩 묻었어요.
"브라질 사람들도 먹고살아야 하니 막을 수도 없어."
유화 아가씨는 아마존 밀림을 둘러보았어요.
'도와줘, 도와줘······.'
나무들의 괴로운 목소리가 들려왔어요.
"조금만 참아. 내가 꼭 너희들을 지켜 줄 거야."

▲직경이 1미터가 넘는 거대한 아마존 수련

▲아마존 강가에 있는 수상 가옥

▲피라냐

교과서 속 세계지리 플러스

아마존에 살고 있는 생물들

아마존에는 신기한 동식물들이 많이 살고 있어요. 세계에서 가장 큰 뱀이라고 불리는 아나콘다, 세계에서 가장 커서 어른 남자 열 명이 힘을 모아야 겨우 잡을 수 있는 민물고기 피라루쿠, 동물을 잡아먹는 무시무시한 물고기인 피라냐 등이 유명해요.

거대한 댐이 자리 잡은 파라나 강

"유화야, 기운 내."
청청은 유화를 브라질의 파라나 강으로 이끌었어요.
"사람들이 나쁘기만 한 것은 아니야.
발전도 하면서 자연도 보호하려 애쓰기도 해."
앞에는 어마어마한 이타이푸 댐이 보였어요.
"이 댐은 왜 만든 거야?"
"수력 발전을 이용해 전기를 생산하기 위해서야.
사람들은 댐 주변에 1400만 그루의 나무도 심고,
물고기들이 오고 가는 길도 만들어 놓았어."

▲**파라나 강** 브라질에서 발원하여 파라과이와 아르헨티나를 걸쳐 흐른다.

▲브라질과 파라과이를 나누는 자연적 경계인 파라나 강

유화 아가씨의 얼굴은 좀처럼 밝아지지 않았어요.
"자연을 있는 그대로 놔둘 수는 없는 걸까?"
댐이 사람들을 편하게 하는 만큼 강은 괴로워하고 있을 테니까요.
"강의 울음소리가 들리는 것 같아."
청청이 유화 아가씨를 토닥여 주었어요.
"네가 앞으로 강을 아끼고 보호해 주면 돼. 하백 님이 그러셨던 것처럼."
유화 아가씨는 아버지의 마음을 알 것 같았어요.

이타이푸 댐은 세계 최대의 수력 발전소야.

▲파라나 강 상류의 이타이푸 댐 브라질과 파라과이가 함께 지은 댐이다.

▶이타이푸 댐의 중앙 관제실

위기의 아마존 강 *사회 6학년 2학기 178쪽

아마존 강 유역의 숲이 사라지는 원인은 무엇 때문일까요?

지구 생물 중 5분의 1이 살고 있는 아마존 숲은 백인 탐험가들이 신대륙을 발견하고 알아 가면서부터 고통에 시달리게 되었어요. 고무를 채취하려고 고무나무를 마구 베어 내기 시작했던 거지요. 그 뒤로도 광물을 캐낸다거나 목재를 사용하기 위해 수없이 많은 나무들을 베어 냈어요. 그리고 최근에는 브라질 정부가 경제 발전을 위해 아마존의 밀림을 베어 내고 목장, 농경지, 도로 등을 건설하고 있어요.

▲아마존 강에서 살고 있는 아나콘다

해결 방법은 무엇이 있을까요?

▲하늘에서 내려다본 아마존 강

지금 이대로 파괴되어 간다면 얼마 지나지 않아서 아마존 밀림의 80퍼센트 정도가 사라질 거라고 해요. 그러면 지구 온난화뿐 아니라 아마존 원주민들도 살 곳을 잃어버리게 돼요. 결국 우리 후손들은 끔찍한 환경 속에서 살아야 하겠지요. 아마존을 살리기 위해서는 우선 아마존의 대부분을 소유하고 있는 브라질 정부가 효율적으로 개발하도록 유도하는 거예요. 또 각 나라들이 열대림 파괴에 대한 협정을 맺어 조림 사업을 실시하는 등 아마존의 문제가 단순히 브라질만의 문제가 아니라는 것을 인식하고, 보존하려는 노력이 필요해요.

강을 살리는 댐, 강을 죽이는 댐 *사회 3학년 1학기 49쪽

사람들을 위해 댐을 건설했어요

사람들은 홍수와 가뭄을 막거나 전기를 얻기 위해 댐을 만들어 강물을 가두어서 이용을 해 왔어요. 홍수가 나면 상류부터 차례로 댐을 열거나 닫으면서 물의 양을 조절해서 강물이 넘치지 않도록 하고, 가뭄으로 농사가 어렵게 되면 댐의 문을 열어 가둬 두었던 물을 흘려보내 활용할 수 있도록 한 거예요.

▲댐을 열어 물의 양을 조절하는 모습

댐 대신 자연을 선택해요

▲콘크리트로 만든 미국의 후버 댐

시멘트 등으로 건설된 댐이 오래되면서 강물을 오염시키는 원인이 되고 있어요. 사용하다가 멈춘 댐들이 주변 환경을 파괴시키기도 하지요. 우리나라만 해도 해마다 50개에서 150여 개 정도의 농업용 댐이 버려진다고 해요.

댐의 문제점을 일찍 깨달은 미국, 프랑스 등에서는 차츰 댐을 해체하고 있대요. 생물들이 자유롭게 물길을 오갈 수 있게 해서 강의 생태계를 보존하고, 댐 대신 나무를 많이 심어 홍수나 가뭄 피해를 막으려 애쓰고 있어요.

독일 경제를 일으킨 라인 강

"사람들은 자연을 함부로 망가뜨리고 있어."
"강을 지혜롭게 이용했던 사람들도 있어."
청청은 화물선들이 바쁘게 오가는 라인 강으로 향했어요.
넓고 깊은 쪽에는 큰 배들이, 좁고 얕은 쪽엔 작은 배들이
오가는 모습이 보였어요.
"라인 강은 마치 차들이 씽씽 달리는 고속 도로 같아."
"스위스, 프랑스, 독일, 네덜란드, 그리고 북해까지
자유로이 오갈 수 있대."
"참, '라인 강의 기적'이 무슨 말이니?"
"제2차 세계 대전 뒤에 무너졌던 독일이 경제를 일으킨 걸 말해."

▼라인 강

"그런데 왜 독일의 기적이 아니고 라인 강의 기적이야?"
"라인 강을 따라 공업 지대가 발달했거든."
"아, 우리나라에도 '한강의 기적' 이란 말이 있는데
6 · 25 전쟁 뒤에 경제가 발전한 걸 가리키는 거야."
"강을 잘 활용하면 이렇게 유용하게 쓸 수 있지."
유화 아가씨는 기분이 좀 나아졌어요.
사람들과 강이 서로 도우며 사는 것 같았으니까요.

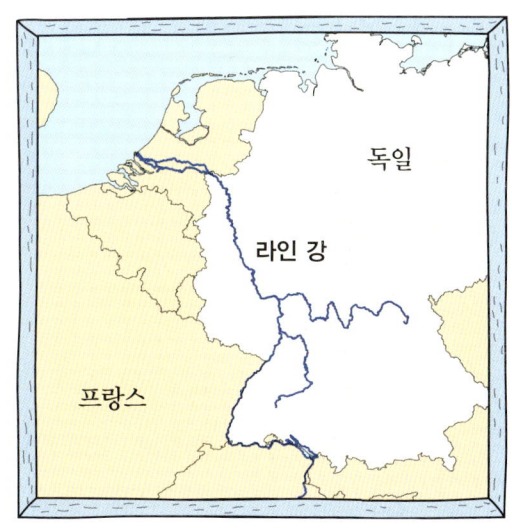

독일
라인 강
프랑스
▲라인 강은 알프스에서 발원해 유럽 대륙을 가로질러 북해로 들어가는 중부 유럽의 최대 강이다.

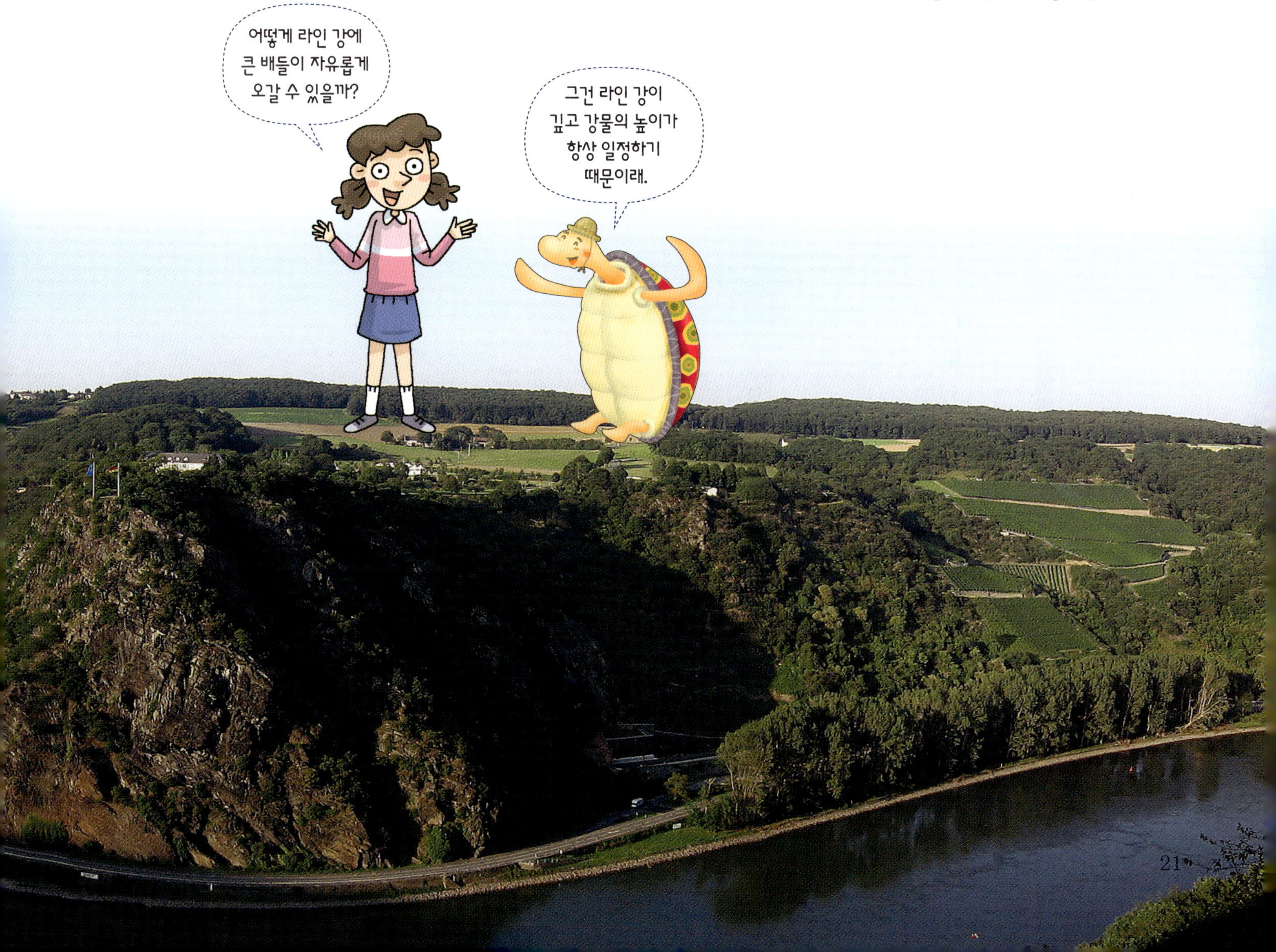
어떻게 라인 강에 큰 배들이 자유롭게 오갈 수 있을까?
그건 라인 강이 깊고 강물의 높이가 항상 일정하기 때문이래.

물 위의 길, 도나우 강과 미시시피 강

그런데 갑자기 청청이 휘청거렸어요.

"너무…… 힘이 들……었……나 봐……."

청청은 아래로 아래로 떨어졌어요. 그러다가 커다란 배 위로 떨어졌어요.

선장님이 달려와 청청을 돌봐 주었어요.

"이 배는 도나우 강을 오가는 여객선이에요. 도나우 강은 독일 남부에서 흑해로 흘러드는 강이지요. 아가씨는 동양에서 오신 분이군요."

선장님이 청청이 좋아하는 생선 요리를 내놓았어요.

"도나우 강은 동서양의 문화가 활발히 오갔던 강이랍니다."

▲도나우 강은 동서 유럽을 잇는 동맥으로서의 역할을 해 왔다.

기운을 차린 청청이 다시 일어섰어요.
"이제 떠날까? 미국의 미시시피 강으로 가 보자.
미시시피 강도 도나우 강처럼 중요한 교통로였어.
뗏목이나 증기선을 탄 사람들이 바쁘게 오갔지."
미국 최대의 강인 미시시피 강 주변에는
널따란 사탕수수밭이 펼쳐져 있었어요.
"미시시피는 인디언 말로 위대한 강이라는 뜻이야."
"저길 봐. 미시시피 강의 삼각주가 새 발자국 모양이야."
시원한 강바람이 둘의 이마에 맺힌 땀을 식혀 주었어요.

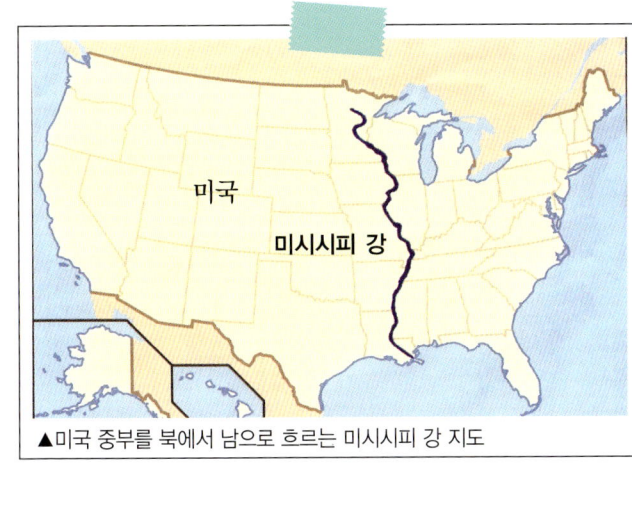

▲미국 중부를 북에서 남으로 흐르는 미시시피 강 지도

미시시피 강에서 헤엄치고 싶어!

▲미시시피 강은 아마존 강, 나일 강, 양쯔 강에 이어 세계에서 네번 째로 긴 강이다.

▲새 발자국 모양인 미시시피 강 삼각주

▲템스 강 웨스트민스터 다리의 1746년 모습

인간이 버린 강, 템스 강

"이번엔 아름다운 템스 강을 보여 줄게."
청청이 향한 곳은 영국의 런던이었어요.
"킁, 킁…… 어디서 고약한 냄새가 나는 거지?"
"글쎄…… 이쯤이 템스 강이었던 것 같은데……."
"냄새가 더 심해져. 여기가 정말 아름다운 템스 강이니?"
유화 아가씨가 코를 틀어쥐고 소리 질렀어요.
아래로 시커먼 강이 보였어요.
"여긴 템스 강이 분명한데 왜 이렇게 끔찍해졌지?
미안하구나. 더러운 강을 보여 주어서."

하얀 가운을 입은 의사 선생님이 말했어요.
"기계로 물건을 만들기 시작한 산업 혁명 때문이란다.
몰려든 사람들이 쓰레기와 배설물들을 마구 버렸거든."
강가에는 병으로 괴로워하는 사람들도 보였어요.
"더러운 물 때문에 전염병에 걸려 수만 명이 죽었어.
이제야 겨우 잘못을 깨닫고 강을 살리려고 노력 중이야."
유화 아가씨의 얼굴은 다시 어두워졌어요.

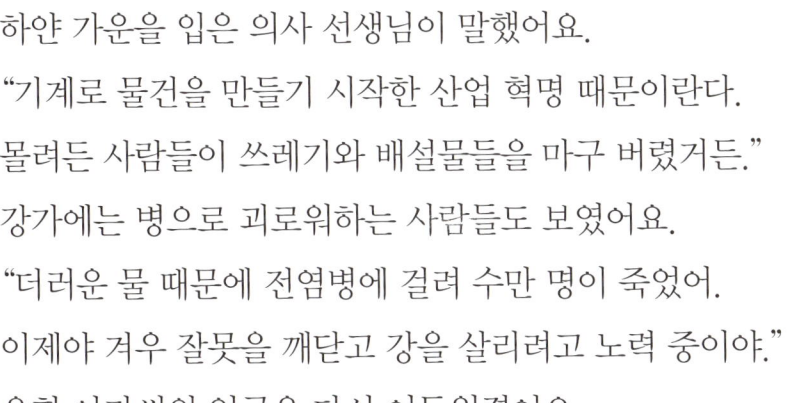

▲런던 시내를 흐르는 템스 강의 모습

◀템스 강 위에 있는 타워 브리지

자랑거리가 된 센 강과 네바 강

"사람들을 행복하게 해 준 강은 없을까?"

유화의 말에 청청은 바다를 헤엄치기 시작했어요.

"영국 해협을 건너면 센 강이야."

"아, 파리의 센 강? 프랑스 혁명이 일어난 곳?"

"그래, 혁명으로 못된 왕을 물리쳤지. 센 강에 가면 혁명의 시작이 된 바스티유 감옥이 있던 광장, 혁명 1백 주년 기념탑인 에펠 탑까지 볼 수 있어!"

에펠 탑이 어느새 환하게 불을 밝히고 있었어요.

"불빛이 꼭 자유를 위해 싸운 프랑스 인들의 마음 같아."

▲에펠 탑이 보이는 센 강의 야경

▲바스티유 광장 프랑스 혁명의 발단이 된 바스티유 감옥 습격 사건이 발생하여 해체되었기 때문에 감옥의 흔적은 남아 있지 않다.

교과서 속 세계지리 플러스

프랑스 대혁명

프랑스 대혁명은 권리나 어떤 혜택도 주지 않고 의무만 강요한 왕에게 분노한 시민들이 바스티유 감옥을 부수며 시작되었어요. 왕과 귀족들을 단두대에서 처형하고 시민 대표가 나라를 다스리는 대통령제를 선포했지요. 대혁명을 계기로 프랑스는 일찌감치 시민들의 힘으로 다스리는 나라가 되었어요.

"센 강은 정말 아름다워."
"러시아에도 아름답게 꾸며진 강이 있어."
둘의 발길은 이제 러시아의 네바 강에 이르렀어요.
"러시아의 근대화를 이끈 표트르 대제가
화강암으로 강과 도시를 꾸몄어.
강물이 넘치고 마을이 무너지는 것을 막으려고 한 거야."
"어째서 사람들은 마음대로 강을 바꾸는 걸까?"
유화 아가씨는 오랫동안 네바 강을 바라보았어요.

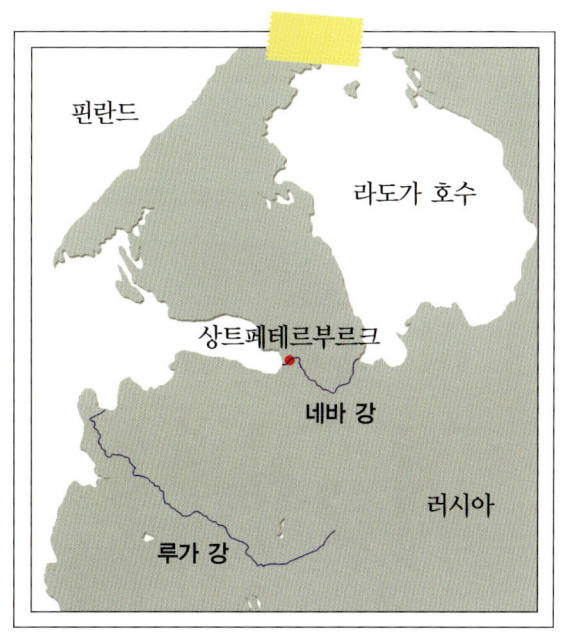

핀란드
라도가 호수
상트페테르부르크
네바 강
러시아
루가 강
▲네바 강 지도

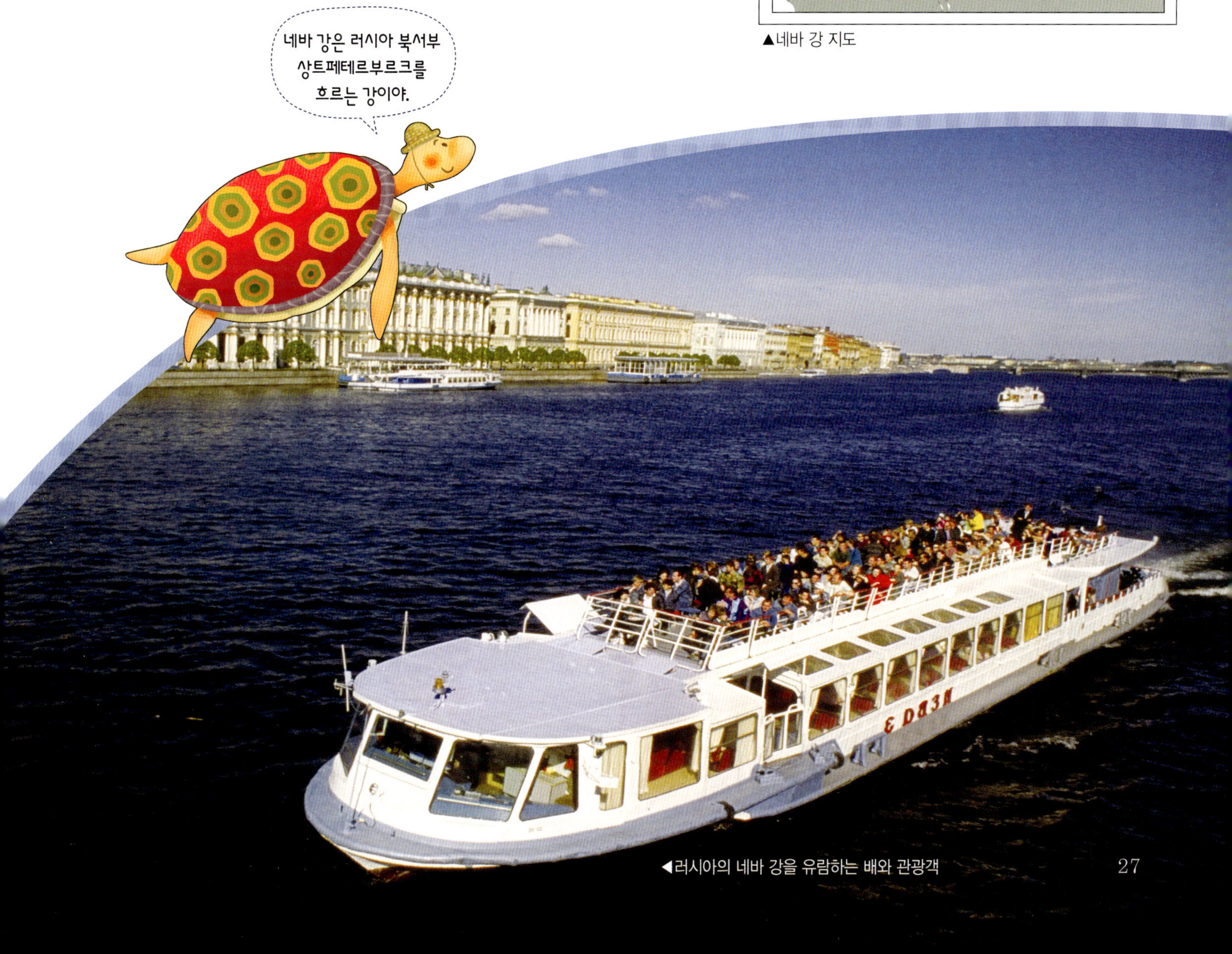
네바 강은 러시아 북서부
상트페테르부르크를
흐르는 강이야.
◀러시아의 네바 강을 유람하는 배와 관광객

사람들의 강

청청과 유화는 집으로 돌아왔어요.
강의 신 하백이 함박웃음을 지으며 맞아 주었지요.
"유화 얼굴이 왜 이리 어두운 게냐?"
"아버지, 사람들이 망가뜨려 놓은 강이 가엾어요.
슬퍼하는 강의 마음이 마구 느껴지던걸요."
강의 신 하백이 고개를 끄덕였어요.
"이제 무엇을 해야 하는지 알겠느냐?"
"네. 아주 잘 알게 되었어요."
그제야 유화 아가씨가 활짝 웃었어요.

▲ 한강 양화 대교의 모습

강의 세계사, 강의 한국사

BC 2333년   단군왕검이 요하강 유역에 조선 건국.
BC 2000년   이집트 나일 강 유역에 세계 최초의 운하 건설.
BC 484년   중국 베이징에서 항저우까지 세계에서 가장 긴 '경항 운하' 완공.
BC 3세기   중국의 주요 강들을 잇는 운하와 수로 건설.
BC 37년   해모수와 강의 신 하백의 딸 유화 부인 사이에서 태어난 주몽이 고구려 건국.
AD 330년   신라 흘해왕 때 전라북도 김제군에 우리나라 최초의 저수지 '벽골제' 완공.
AD 8세기   라인 강가의 영주들이 라인 강가에 배를 댈 수 있는 터를 닦고 강을 오가는 배들에게 통행세를 매김.
930년   예성강 하류에 있는 벽란도에 중국 및 동남아시아, 아라비아 상인들까지 교류하는 국제 무역항 개설.
1411년   조선에서 큰비가 올 때마다 자주 범람하는 청계천을 관리하기 위한 청계도감 설치.
1541년   에스파냐 탐험가 프란시스코 데 오렐라나가 최초로 아마존 강을 탐험하여 대서양까지 나감.
1848년   영국 템스 강에 콜레라균이 퍼져 13만여 명이 죽음.
1868년   라인 강을 국제 하천으로 정해서 각 나라 배들이 자유롭게 오가게 됨.
1993년   제47차 국제 연합 총회에서 매년 3월 22일을 '세계 물의 날'로 선포.
2002년   대한민국이 국제 연합에 의해 세계 물 부족 국가로 지정됨.

▲ 케냐 2010년 3월 22일 '세계 물의 날' 모습

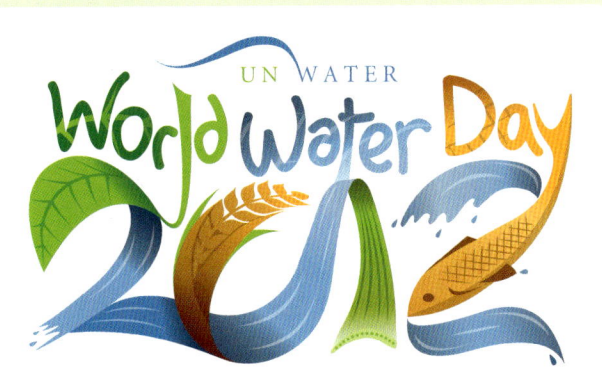
▲ '세계 물의 날' 포스터(2012)

교과서 속 세계지리

이름에 색깔이 들어가는 바다

이 세상에는 이름에 색깔이 들어가는 바다들이 있어요. 백해, 흑해, 홍해, 황해 등이 그래요. 진짜로 바다 색깔이 빨갛고 누렇고 까만 것일까요?

 황해

황해는 동중국과 한반도 사이의 바다를 가리켜요. 우리나라에서는 '서쪽에 있는 바다'라고 해서 서해라고도 하지요. 황해는 실제로 누런색을 띠고 있어요. 그 이유는 바로 중국의 황하 때문이랍니다. 중국 대륙에서 홍수가 나면 황하는 많은 양의 흙을 바다로 몰고 와요. 이 흙이 바다에 섞여 색깔이 누렇게 보이는 거예요.

▲황해

흑해

흑해는 동남 유럽과 서아시아 사이에 있는 바다예요. 검은색 바다라니 약간 무시무시한 느낌이 들지요? 흑해의 색이 검은 이유는 박테리아 때문이에요. 약 200m 정도 되는 깊은 곳에는 산소가 부족한 층이 있는데, 여기에는 특별한 종류의 박테리아만 살 수 있어요. 이 박테리아가 죽으면 물 빛깔을 검게 만드는 기체가 생기고, 그것 때문에 바다가 검게 보여요.

◀흑해 위성 사진

백해

러시아 북쪽에 있는 백해는 이름 그대로 정말 하얄까요? 실제로 바다 색깔이 하얀 것은 아니에요. 북극 지방에 있다 보니 대부분 얼음과 눈으로 덮여 있어 바다가 하얗게 보이기 때문에 그렇게 불리는 것이랍니다.

◀백해

홍해

홍해는 인도양의 북쪽, 아프리카와 아라비아 반도 사이에 있는 좁고 긴 바다예요. 이 바닷속에 있는 플랑크톤이 번식을 하면서 붉은색을 띠기 때문에 붉은 바다라고 불리지요. 고대 이집트 시대부터 이슬람 제국 시대까지 바닷길로 유명했어요. 1869년 수에즈 운하가 열린 뒤에는 아시아, 오스트레일리아, 유럽을 잇는 중요한 해상 교통로가 되었어요.

▲홍해

교과서 속 **세계지리**

우리나라의 강

우리나라에는 크고 작은 강들이 많이 흘러요. 우리나라 지형은 동쪽이 높고 서쪽이 낮기 때문에 강들은 대부분 황해로 흐르지요. 우리나라를 대표하는 강에 대해서 알아보아요.

한강

서울을 가로지르는 강

태백산맥에서 발원하여 황해로 흘러 들어가는 한강은 교통이 편리하고 기름진 평야들이 있어 사람이 살기 좋아요. 그래서 삼국 시대부터 한강 유역을 차지하기 위한 다툼이 치열했지요.

압록강 우리나라에서 가장 긴 강

압록강은 길이 803km로 우리나라에서 가장 긴 강이에요. 백두산에서 흐르기 시작하여 북한과 중국의 국경을 이루며 황해로 흘러가지요. 압록이라는 이름은 '강물 빛이 오리의 머리 빛깔처럼 새파랗다.'라고 기록된 데서 나왔어요.

▶압록강 지도

두만강

지하자원이 풍부한 강

두만강은 백두산에서 시작되어 북한, 중국, 러시아 세 나라의 국경을 흘러요. 두만강 일대는 철광석과 갈탄 등이 매장되어 있어 우리나라에서 손꼽히는 광산 지대랍니다.

◀두만강의 겨울 모습

낙동강

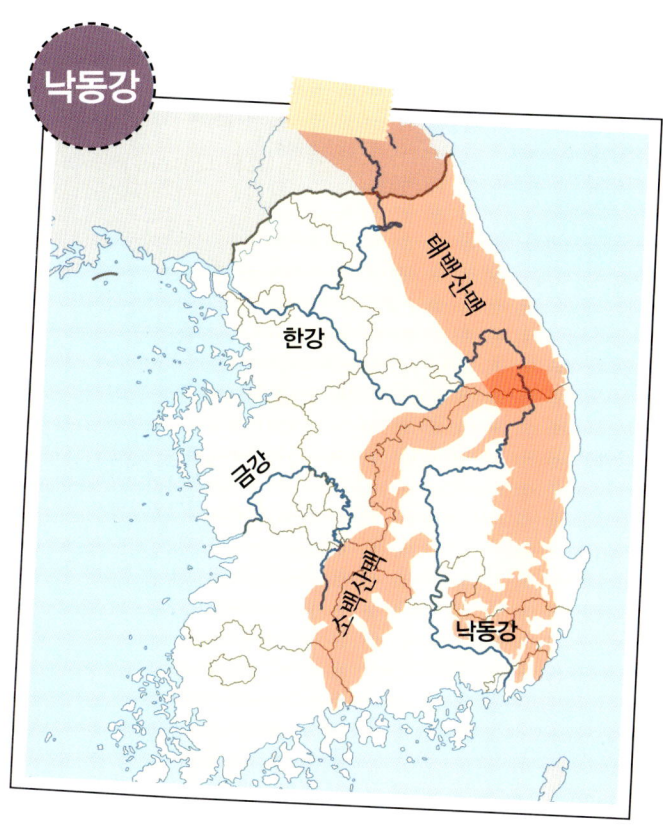

낙동강은 영남 지방 전역을 흐르고 있어.

낙동강 하구부에는 세계적으로 알려진 철새 도래지가 있지.

압록강 다음으로 긴 강, 낙동강

우리나라 제2의 강이라 불리는 낙동강은 '가야의 동쪽을 흐르는 강'이라는 뜻으로 붙여진 이름이에요. 강원도 태백시 함백산에서 시작하여 남해로 흘러들지요.

◀ 우리나라 3대 하천인 한강, 금강, 낙동강

호기심 쑥쑥

세계가 놀란 빠른 경제 성장 '한강의 기적'

▲ 한강의 모습

일제의 식민지 기간 동안 우리는 식량과 공업 원료를 일본에게 빼앗기면서 경제 성장이 어려웠어요. 광복이 된 후 6·25 전쟁이 일어나면서 우리나라는 1인당 국민 소득이 60달러 정도밖에 안 되는 무척 가난한 나라가 되었지요. 그래서 다른 나라들로부터 많은 도움을 받았고, 빠른 경제 성장을 이루었어요. 외국 사람들은 우리나라의 놀라운 경제 발전을 '한강의 기적'이라 부르며 칭찬했답니다.

교과서에 나오는 〈유화 아가씨의 세계 강 탐험〉

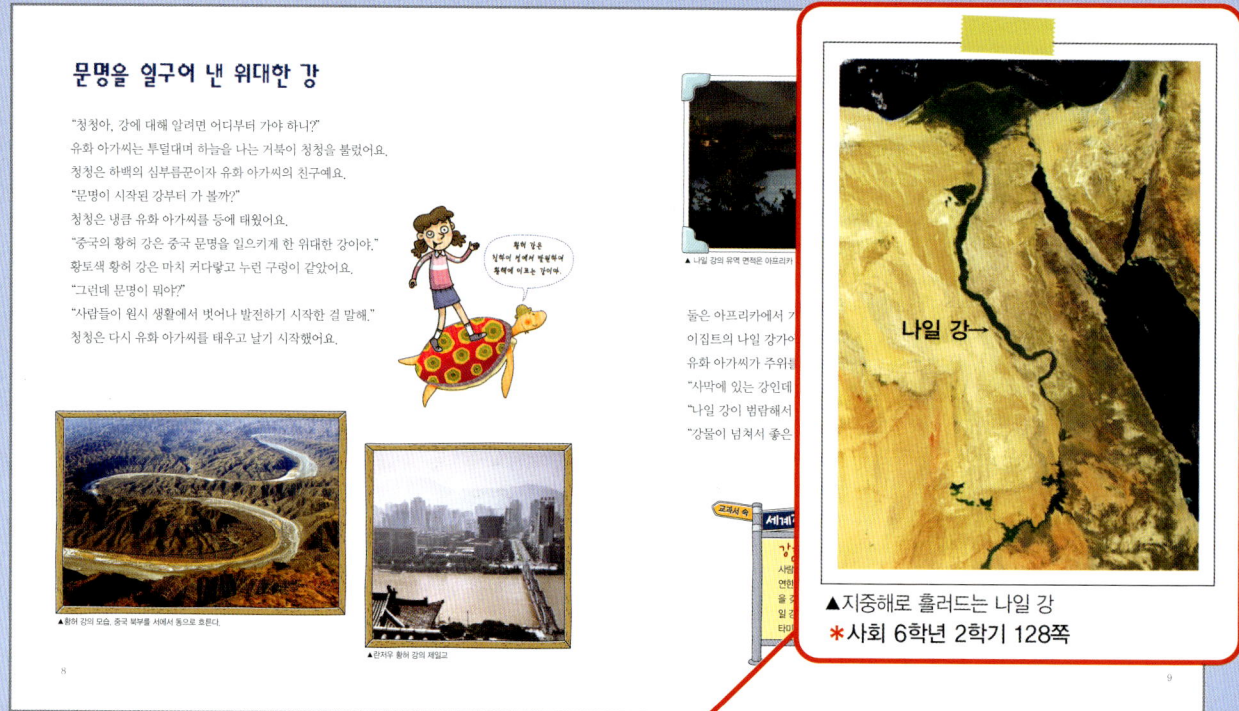

▲ 14권 유화 아가씨의 세계 강 탐험 8~9쪽

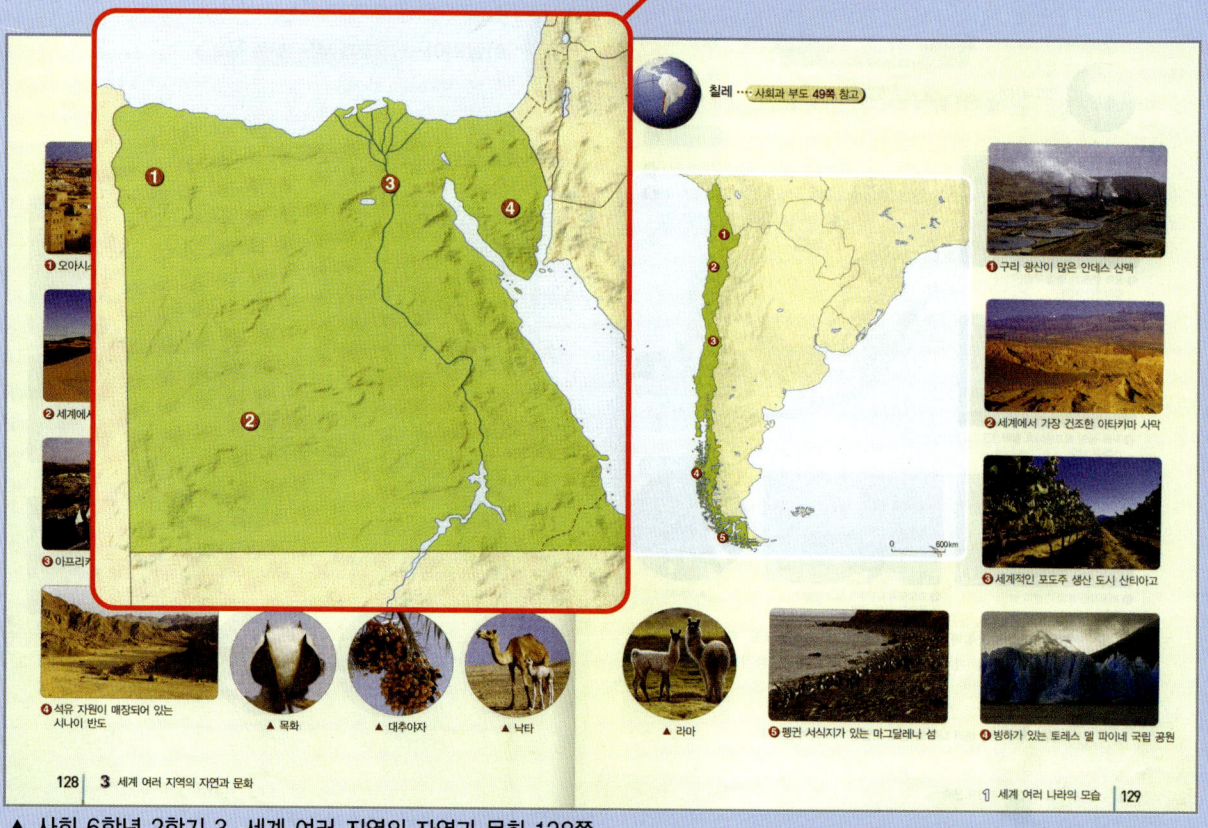

▲ 사회 6학년 2학기 3. 세계 여러 지역의 자연과 문화 128쪽